HBJ ESTRELLAS DE LA LITERATURA

NOS AYUDAMOS

AUTORES

MARGARET A. GALLEGO
ROLANDO R. HINOJOSA-SMITH
CLARITA KOHEN
HILDA MEDRANO
JUAN S. SOLIS
ELEANOR W. THONIS

 HARCOURT BRACE JOVANOVICH, INC.
Orlando   Austin   San Diego   Chicago   Dallas   New York

Acknowledgments

For permission to reprint copyrighted material, grateful acknowledgment is made to the following sources:
Laredo Publishing Co.: *El pañuelo de seda* by Alma Flor Ada. Copyright © 1993 by Laredo Publishing Co. Published by Laredo Publishing Co., Torrance, California.
SITESA: *El día que los pájaros cayeron del cielo* by Federico Krafft V. Illustrations and cover by María Teresa Romero. Copyright © 1989 by SITESA. Published by SITESA, México, D.F., México.
Ediciones SM: *El prado del tío Pedro* by María Puncel. Illustrations by Teo Puebla. Copyright © 1989 by Ediciones SM. Published by Ediciones SM. Madrid, Spain.
Editorial Labor, S.A.: "Cazador" by Federico García Lorca from *Canciones y poemas para niños*. Copyright © 1975 by Editorial Labor, S.A. Published by Editorial Labor, S.A., Barcelona, Spain.
Laredo Publishing Co., Inc.: "Palomita blanca" by Patricia Lara and "Todos podemos ayudar" by Clarita Kohen, from *Voces de mi tierra*. Copyright © 1993 by Laredo Publishing Co., Inc. Published by Laredo Publishing Co., Inc., Torrance, California.
Doncel: "Ronda catonga del chacarero" by Fernán Silva Valdez from *Historia y antología de la literatura infantil iberoamericana*. Copyright © 1987 by Doncel. Published by Doncel, Madrid, Spain.
Every effort has been made to locate the copyright holders for the selections in this work. The publisher would be pleased to receive information that would allow the correction of any omissions in future printings.

Photo Credits
Key: (t) = top, (b) = bottom, (l) = left, (r) = right, (c) = center,
　　(bg) = background

44-45, Michael Portzen/Laredo Publishing; 76, Michael Portzen/Laredo Publishing; 103, HBJ/Maria Paraskevas.

Illustration Credits
Cover by José Ramón Sánchez; Armando Martínez, 4, 5; Wendy Chang, 6-9, 74-77, 104-106, 108-111; Carrie Wray, 36, 37; Scott Gray, 38, 39; Howard Matt, 68-71, Mikhail Mayofis, 40, 41; Suraiya Daud, 42, 43; Elaine Gray, 72, 73, Alex Sánchez, (Glossary) 108-112.

Printed in the United States of America.

ISBN 0-15-304444-6
　　6 7 8 9 10　048　96

Querido amigo:

¿Alguna vez has tenido que ponerte de acuerdo con alguien para que algo salga mejor? La cooperación entre todos para lograr una meta es muy importante.

En este libro vas a conocer a muchos personajes que por una razón u otra decidieron dejar sus ambiciones o las cosas que más querían para ayudarse mutuamente.

¡Vamos a descubrir de qué se trata!

Los autores

NOS AYUDAMOS

Í N D I C E

SALVEMOS LOS PÁJAROS / 6

SALVEMOS EL AIRE / 40

SALVEMOS LOS PÁJAROS

¿Alguna vez has tenido que decidir cómo vas a ayudar a alguien? Al leer este cuento vas a conocer a una niña de sentimientos nobles que decide por sí misma qué es más importante. Lee el cuento y conocerás cuáles fueron esas decisiones.

Í N D I C E

Cazador

¡Alto pinar!
Cuatro palomas por el aire van.

Cuatro palomas
vuelan y tornan.
Llevan heridas
sus cuatro sombras.

¡Bajo pinar!
Cuatro palomas en la tierra están.

Federico García Lorca

El pañuelo de seda

de
Alma Flor Ada
Ilustraciones de
Viví Escrivá

Anita, como siempre, miraba al cielo. Sus primos se burlaban de ella:

—¿Qué crees que te va a caer del cielo? —decía uno.

—¿Una lluvia de monedas de plata? —añadía el otro.

Anita apresuraba el paso. Y no decía nada. ¿Cómo explicar la alegría que le daba ver volar a los pájaros? ¿Y que lo que esperaba era quizá la oportunidad de volver a ver, como el año pasado, el regreso de la bandada de grullas?

Un día cayó frente a Anita algo inesperado. No era de plata, sino de oro. Un hermoso dije.

Se había desprendido de la pulsera de una dama cuyo coche levantaba nubes de polvo por el camino.

14

Anita gritó: —¡Cochero! ¡Espere!

Y corrió detrás del coche. Sus pies ligeros apenas tocaban la hierba al lado del camino.

Anita se empinó en puntas de pie para alcanzarle a la dama el dije.
La dama le sonrió agradecida.
Miró a su alrededor, queriendo encontrar algo para darle a la niña.

Su mirada se posó por un momento en el pañuelo de seda que le cubría los hombros. Se lo quitó y se lo alcanzó a Anita con otra sonrisa.

El coche desapareció entre las nubes de polvo, antes de que Anita lograra apenas dar las gracias. La niña se quedó mirando su pañuelo.

Era lo más hermoso que había tenido en las manos nunca. Y lo más suave.

Cuando Anita le mostró el pañuelo, su madre le dijo:

—¡Qué hermoso! El domingo, cuando vayamos a la iglesia, podrás usarlo.

—No, no lo creo —respondió Anita—. Es demasiado bonito. No quisiera ensuciarlo.

Lo dobló con mucho cuidado, y lo colocó en la bolsa tejida que le había regalado su abuela.

El domingo, mientras caminaba por el pueblo, con su familia camino de la iglesia, Anita se acordó de las palabras de su madre. Se imaginó que llevaba puesto el pañuelo y las miradas de admiración en los ojos de todos.

Pero se sintió feliz de saber que el pañuelo estaba seguro, bien doblado, guardado en el fondo de su bolso.

Aunque aún faltaba bastante tiempo para que llegara la Navidad, en la escuela habían empezado a planear la celebración.

—¿Te pondrás tu pañuelo de seda? — le preguntó a Anita su amiga Julia.

Anita no contestó enseguida. El festejo de Navidad era la fiesta más alegre de todo el año. Los veinte niños de la escuela, desde los pequeñitos que apenas aprendían a trazar las letras en sus pizarras hasta los que eran tan altos como la maestra, cantaban a coro. Algunos tocaban el violín o la guitarra. Anita iba a recitar una poesía. ¡Su pañuelo de seda luciría tan bien! Al fin, respondió:

—No, no lo creo...

—No seas tonta... —insistió Julia—. Si te lo pones te verás muy elegante... ¡Es tan bonito!

—Sí, lo sé... —dijo Anita—. Pero no querría estropearlo.

Y diciendo adiós con la mano, tomó el camino a su casa.

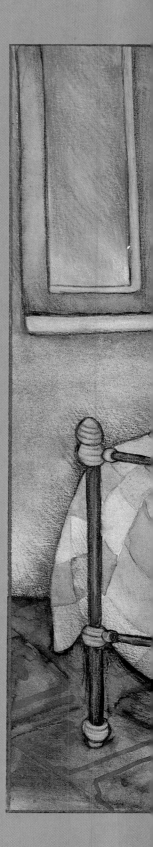

23

Todo era quietud, en el día brillante de otoño.

Anita observaba ensimismada las formas gráciles que resplandecían mientras cortaban el azul sereno.

De momento contuvo el aliento. Un tiro había roto el silencio de la tarde. Y una de las grullas se precipitaba, herida, a tierra.

La niña corrió entre los árboles, hacia el lugar donde la había visto caer.

La sangre parecía una amapola más sobre la hierba. Anita buscaba consternada cómo ayudar a la grulla.

Trató de rasgar su falda, pero la tela gruesa, tejida en el telar de la abuela, no cedía.

Trató de romper su blusa, pero el tejido de algodón era firme y tupido y tampoco cedía.

Se miró con angustia los pies sin medias, desnudos en ese día cálido.

Entonces, abrió su bolsa y sacó el pañuelo de seda. Miró con pena primero a la grulla y luego al pañuelo y volvió a guardarlo en la bolsa.

—Iré a buscar ayuda… volveré lo más pronto que pueda —dijo en voz alta, como para convencer a la grulla. Y salió corriendo.

Un instante después estaba de vuelta.

La mancha roja se iba extendiendo sobre las blancas plumas.

Y Anita ya no dudó más. Abrió su bolsa y desdobló el pañuelo de seda.

29

Camino a casa, Anita le hablaba a la grulla para tranquilizarla.
—No temas —le decía suavemente—. Mi madre sabe curar heridas... Le pediré que me ayude a cuidarte.

—¿Sanará, mamá?

La voz de Anita temblaba al hacer la pregunta.

—Espero que sí, hijita, espero que sí —la voz de la madre era toda ternura y comprensión. —Hiciste bien en contener la sangre, la vendaste muy bien. Pero... —añadió con pena la madre—¡tu pañuelo, Anita! ¡Has estropeado tu pañuelo de seda...!—Ya lo sé, mamá... —respondió Anita y añadió con ansiedad: —¿Crees que podrá volver a volar?

¿Qué te parece?

1. ¿Cómo obtuvo Anita el pañuelo de seda?

2. ¿Qué hizo Anita para ayudar a la grulla?

3. ¿Cómo es Anita? Descríbela.

4. ¿Cómo la ayudó su mamá?

Escribe en tu diario

Escribe un párrafo que explique por qué el pañuelo de seda no era importante para Anita.

Palomita blanca

Palomita blanca
no sufras.
Palomita triste
no llores....
Que estos niños
con ternura
vendarán tu herida.

¡Qué bonita te verás
haciendo de nuevo el nido!
¡Y volando en el alto cielo!

Patricia Lara

37

La seda

¿Sabías que la seda se obtiene de un gusano? Los chinos fueron los primeros en convertir en material los capullitos de unos gusanos especiales, hace muchos, muchos años, y durante mucho tiempo lo guardaron en secreto. Los hindúes también desarrollaron esta industria. Desde la India fue que la seda fue llevada primero a Persia y luego a Europa.

La seda es una tela que se fabrica con las hebras de un capullo de un gusano que se llama Gusano de Seda. Este gusano vive y se alimenta de las hojas del árbol de la morera, y segrega un líquido con el cual forma el capullo. Las hebras de afuera de este capullo son muy enroscadas, en cambio las de adentro son suaves y lacias.

Los capullos se mojan con agua caliente, y una vez eliminadas las hebras de afuera, se forman bobinas de hilo muy fino con las hebras interiores. Luego, varias bobinas se usan para fabricar un hilo mas grueso y resistente, mediante el trenzado de varias hebras.

La tela de seda se hace con dos hileras de estos hilos que suben y bajan, mientras una lanzadera, también con hilo, pasa de un lado a otro.

T E M A

SALVEMOS EL AIRE

¿Sabes por qué es tan importante conservar
el aire limpio?

Al leer este cuento conocerás lo que hicieron
las personas de esa ciudad para mejorar
la calidad de su vida.
¿Cómo lo hicieron? Lee y lo sabrás.

Í N D I C E

41

42

Voz del humo

Del cielo limpio la zarca seda
manchan las nubes de tonos grises;
aves emigran a otros países,
cruzan los picos de la roqueda.
Ya no hay verdores
en las orillas de la vereda;
bajo las frondas de la arboleda
no se oyen cantos de ruiseñores;
quejido al aire, triste, remeda,
no deleitosa canción de amores.
Ya no se escuchan en los pinares
los ritmos lentos de los cantares.
Bajo la niebla....

Enrique de Mesa

El día que los pájaros
cayeron del cielo

Federico Krafft V.

Aquel día los habitantes de la gran ciudad amanecieron con algunas molestias. Sentían los ojos irritados y respiraban con dificultad.

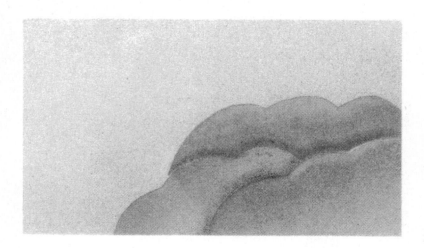

47

Pero . . . algo más les disgustaba. Los papás se sentían sin ánimos para ir a trabajar, se peleaban entre sí y regañaban a sus hijos.

Los niños no querían ir a la escuela, lloraban y hacían berrinche.

Algo parecido pasaba en toda la ciudad, y gobernantes y habitantes, alarmados, decidieron investigar qué sucedía.

Así se enteraron de que todo se debía a la gran contaminación que se había acumulado: el aire había perdido su transparencia y ahora era una nube gris. El agua de lagos y ríos, antes cristalina y fresca, olía mal y tenía un color turbio. En los árboles y las plantas se habían borrado los distintos tonos de verde y la belleza se había perdido: parecían estructuras oxidadas de metal retorcido y roto.

Todos se preocuparon, se reunieron muchas veces

y al fin decidieron intentar vivir sin contaminación.

Cada quien hizo lo posible por no ensuciar nunca
más el ambiente y cuidaron de que no lo hicieran
los amigos, los familiares y los vecinos.

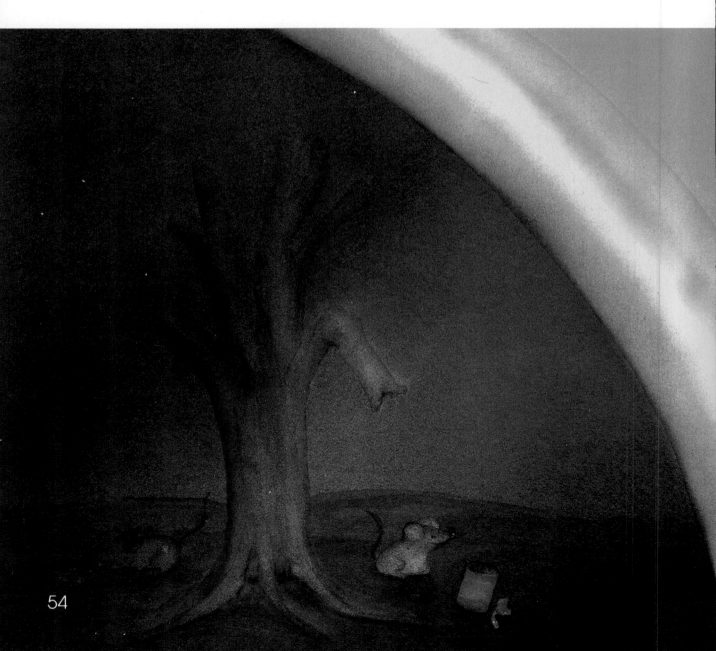

Protegieron los árboles, cuidaron el agua, no tiraron desperdicios donde fuera y evitaron provocar fuego y humo.

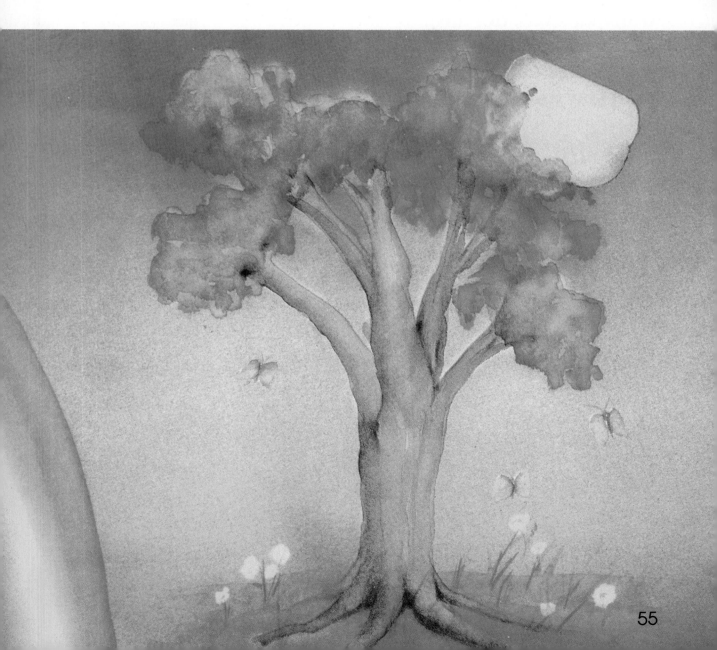

Pasó el tiempo y poco a poco lograron restaurar el verde de las plantas, el azul de las aguas y la transparencia del aire. Todos esperaban solucionar con eso el malestar que los agobiaba.

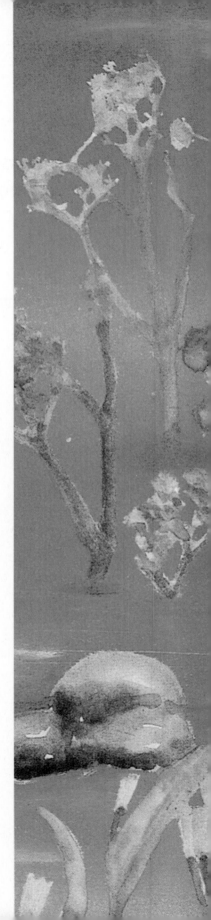

Ya no tenían los ojos llorosos,
no tosían ni se enfermaban.
Pero no recuperaron la alegría de
antes, esa alegría que los
distinguía en otros lugares.

La gente seguía triste y se
preguntaba por qué las risas no
regresaban.

Un día una niña leyó en un
libro un poema que expresaba el
placer de despertar por la
mañana con el alegre canto y el
alboroto de los pájaros.

Con curiosidad preguntó a sus
papás qué eran los pájaros;
entonces, ellos se dieron cuenta
de que desde la terrible
contaminación no habían vuelto
a ver ni a escuchar a los pajaritos.

«La alegría de otros tiempos se fue con los pájaros», pensaron. Recordaron con tristeza que un día, cuando todo era sucio en el aire, el agua y la tierra, los pajaritos empezaron a caer del cielo como una lluvia de muchos colores.

Iban volando y de repente, caían en picada, asfixiados por la contaminación y quedaban aplastados contra el piso, inmóviles para siempre.

La gente comprendió que su alegría estaba ligada al gracioso canto de los pájaros, pero no sabía qué hacer. Su tristeza aumentó y duró mucho tiempo.

Un día se escuchó entre
las ramas de un frondoso
árbol el trino de unos
cuantos pajaritos que
habían venido de muy lejos.

Emocionados, todos
se agruparon alrededor del
árbol y se sintieron felices
al escuchar de nuevo
aquel canto ya casi
olvidado. Con el tiempo
los pájaros pusieron
huevos y tuvieron hijitos.
Como todo era limpio otra
vez, más pájaros llegaron
de lejos. Sintieron que ése
era un buen lugar para vivir.

Otra vez se vió volar en todas direcciones a
los hermosos pájaros que antes habían hecho
de esta ciudad una de las más alegres de la Tierra.

¿Qué te parece?

1. ¿Cómo afectó la contaminación a las personas de este cuento?

2. ¿En qué forma estaba contaminado el ambiente?

3. ¿Qué decidió hacer la gente para vivir sin contaminación?

4. ¿Por qué la gente se sentía triste aún después de limpiar el aire?

5. ¿Qué le devolvió la alegría a la gente de la ciudad?

6. ¿Cuál crees tú que es el mensaje del autor?

Escribe en tu diario

¿Cómo te has sentido al estar en un sitio contaminado y qué harías tú para ayudar a resolver el problema?

La contaminación

¿Por qué el aire y el agua están contaminados? Las carreteras se llenan de autos, camiones, autobuses, que queman gasolina y esto produce unas sustancias que van al aire y lo ensucian. Las fábricas despiden humo de sus chimeneas, o sus desechos se vierten en los ríos. Petróleo, aceite, basuras van a parar a los ríos y los seres vivos se mueren en el agua sucia y envenenada.

Los árboles ayudan a limpiar el aire, pero no hay suficientes árboles para eliminar tanta contaminación. Como consecuencia, cuando el nivel de contaminación es alto, la gente tiene dificultad al respirar y siente molestias en los ojos.

Como ves, el progreso a veces trae consigo cosas que nos perjudican de modos que no habíamos previsto.

Hoy día la gente trata de proteger el aire y el agua. Los ingenieros hacen automóviles que queman menos y mejor el combustible, así menos sustancias tóxicas van al aire. En las fábricas se filtran las partículas de humo para que no vayan al aire. También empiezan a limpiar el agua que lleva desechos de las fábricas.

¿Sabes cómo puedes ayudar a mantener limpio y seguro tu ambiente?
Pon la basura en basureros, ayuda a reciclar el papel, las latas de aluminio y las botellas de plástico y todo el material de vidrio. El vidrio, el aluminio, el papel y el plástico se pueden volver a usar.

El papel se puede volver a usar y eso evita cortar árboles. Un árbol es importante porque ayuda a purificar el aire. Cuida los árboles que están en tu calle o en tu escuela. Planta en tu terreno, flores, frutas o verduras. Ayudarás a embellecerlo y obtendrás flores y verduras frescas para comer. ¡Ya verás qué lindo es cortar los tomates o la lechuga para la ensalada!

¿Puedes pensar en alguna otra forma de mantener el ambiente limpio?

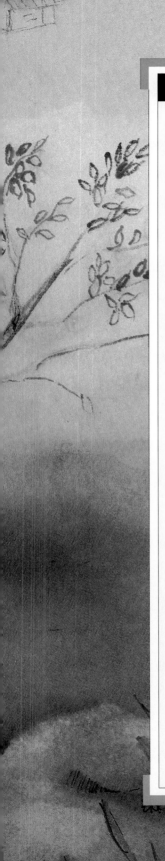

TEMA

SALVEMOS LA TIERRA

¿Crees que es bueno cuidar la tierra? Aquí conocerás a tres hermanos que trabajaban juntos y que por no hacer buen uso de la generosidad de la naturaleza, casi lo pierden todo.

¿Cómo lograron recuperar lo perdido?

¿Quieres ayudar a encontrar un final feliz para este cuento?

ÍNDICE

Tierra

Caminito arriba,
caminos abajo,
los hombres del mundo
hemos olvidado
de sentir la tierra
que vamos pisando.

Velay, un terrón;
velay, un arado:
tierra, tierra, tierra...
¡Velay, el milagro!

Hermanos del mundo,
unidos los brazos,
alcemos la casa,
hagamos un cántaro.
Sombrita y frescura
nos dará el trabajo.

El surco es mi pan,
mi casa es de barro.
¡Nada más que tierra...
y eso es el milagro!....

Adaptación
José Ramón Luna

El Prado del Tío Pedro

María Puncel / Teo Puebla

Se murió
el tío Pedro y
dejó a sus hijos, en
herencia, el prado y las ovejas.

El prado era muy grande y tenía una hierba alta y jugosa.
Las ovejas eran nueve y se criaban sanas, gordas y hermosas.

Los tres
hermanos se
pusieron enseguida de acuerdo. Cada uno de ellos
se quedaría con tres ovejas. El prado
lo utilizarían entre todos porque, en verdad, hubiera sido un dolor partirlo
en tres.

Antonio marcó sus tres ovejas con un collar azul.

Felipe marcó sus tres ovejas con un collar verde.

Joaquín marcó sus tres ovejas con un collar rojo.

Las ovejas vivían en el prado, comían en el prado y abonaban el prado.

La lluvia caía sobre el prado, deshacía el abono y lo incorporaba a la tierra. La tierra, bien alimentada con el abono y el agua, producía más hierba para reponer la que se comían las ovejas. El prado y las ovejas habían llegado a un equilibrio perfecto.

Por las tardes, cada hermano ayudado
por su mujer, ordeñaba sus ovejas y llevaba
la leche a casa en un cántaro. Esta leche
la hervían, le añadían los fermentos
necesarios, la cuajaban, la batían, la salaban,
le daban forma y ponían los quesos a orear
en el sobrado. El aire de la montaña
curaba estos quesos, que resultaban
riquísimos. Se vendían muy bien en el mercado.

Cada pareja ganaba muy buenos dineros
con los quesos.

En primavera cada oveja paría un
corderito. Tan pronto como los recentales
dejaban de mamar, Antonio y su mujer
recojían sus tres corderitos y los llevaban al
mercado. Y lo mismo hacían Felipe y Joaquín.

Y cada pareja conseguía muy buenos
dineros a cambio de los corderillos.

Al llegar el verano, cada hermano, ayudado por su mujer,
esquilaba sus ovejas. Luego, la lana se cargaba en un canasto y se
llevaba al lavadero. Cuando estaba seca, se cardaba, se hilaba,
se teñía y se tejía. Con las telas, que resultaban ser suaves,
cálidas y de alegres colores, se hacían dos lotes.
Uno se guardaba para confeccionar
los propios vestidos.
El otro lote se llevaba
al mercado.

Cada pareja
ganaba muy
buenos dineros
con las telas
de lana.

Antonio y su
mujer estaban
encantados con
el negocio.

Felipe y su
mujer estaban
encantados con
el negocio.
Joaquín y su mujer estaban
encantados con el negocio.

Una noche, mientras estaban
cenando, Antonio y su mujer
hablaron. La mujer, que se tenía
por muy lista, dijo:

—Marido, creo que deberíamos
llevar otra oveja al prado. Tendríamos
más queso, más lana y más
corderos. Total, una oveja más en el prado
ni se notará ... Y nosotros ganaremos más.

Antonio pensó que realmente su
mujer era muy lista.

Así que, al día siguiente, en el
prado aparecieron diez ovejas.

La mujer de Felipe y la mujer
de Joaquín se fijaron muy bien
en que había cuatro ovejas que
llevaban collar azul; y, a la
noche, hablaron con sus maridos.

Al otro día aparecieron en el
prado doce ovejas en lugar de diez.

Antonio comprendió que sus
hermanos habían seguido su
ejemplo. A los otros también les
había parecido una excelente idea
poseer una oveja más y hacerla pastar
en el prado.

Cada oveja comía un poco
menos y, claro, daba menos
leche, producía lana de menor
calidad y paría
corderitos más pequeños...
De todas formas, los tres
hermanos ganaron más
dinero que el año
anterior: cuatro
ovejas dan más
leche, más
lana y más
corderos
que tres
ovejas.

87

A la vuelta del mercado cada pareja contó sus dineros. Marido y mujer estaban tan contentos de lo bien que marchaba el negocio que ... un buen día aparecieron en el prado quince ovejas en lugar de doce. Y, como la vez anterior, nadie se atrevió a decir nada. Todos habían cometido el mismo abuso.

Y empezó a ocurrir algo muy triste.

Las quince ovejas tenían poca hierba para comer, y sentían tanta hambre, constantemente, que arrancaban las raíces para alimentarse con ellas. Y ni siquiera así se saciaban. Al principio, el hambre las puso de mal humor y se peleaban entre ellas constantemente. Luego, el hambre las puso tristes y, más tarde, empezaron a sentirse débiles. Se fueron quedando flacas, flacas y más flacas...

Apenas daban leche y la poca que daban era malísima.

Apenas daban lana, y la poca que daban era de fibra corta y muy quebradiza.

Y cuando llegó la época en que debían nacer los corderos, muchas ovejas no los tuvieron. Y los pocos que nacieron eran tan canijos y enfermizos que no llegaron a criarse.

Al cabo de algunas semanas, también las ovejas se fueron muriendo. Los tres hermanos se reunieron para enterrar las ovejas muertas. El prado era un desierto. Ni una brizna de hierba brotaba de la tierra.

—¿Qué podemos hacer? —se preguntaron.

Primer final

Los tres hermanos se pusieron de acuerdo y vendieron el prado.

Como era una tierra completamente arruinada, les dieron por ella una cantidad miserable. Al ser dividida en tres partes, resultó tan ridículamente pequeña que apenas fue nada.

Los tres hermanos se pelearon:

—¡La culpa es tuya! —acusaron los dos pequeños.

—¡Yo tenía derecho a una oveja más porque soy el mayor! —replicó Antonio.

—¡Nuestro padre nos dejó
el prado a los tres a partes
iguales, y tú, que eres
el mayor, deberías habernos
dado mejor ejemplo! —le
gritaron Felipe y Joaquín.

Y cada hermano se fue
furioso a su casa y se peleó
con su mujer:

—¡Yo no hubiera hecho una
majadería tan grande si tú no
me lo hubieras aconsejado!

Este final resulta muy triste:
así que busquemos otro.

91

Segundo final

Los tres hermanos se pusieron de acuerdo:

—Labraremos el prado y sembraremos buena semilla de hierba. Nuestras mujeres colocarán un espantapájaros para que las aves no se coman las semillas ni los brotes tiernos; y aguardaremos. Las lluvias y el sol harán germinar las semillas. La hierba volverá a brotar fuerte y jugosa.

Con el dinero que tenemos ahorrado compraremos tres ovejas...

—Y mientras tanto, ¿de qué comeremos? —preguntaron las mujeres.

—Trabajaremos de jornaleros. Ahorraremos hasta el último céntimo.

Cada hermano se contrató con un amo distinto. Y trabajaron, trabajaron, trabajaron . . . Y durante un larguísimo invierno no pudieron visitar a sus familias.

También este final resulta triste. . . ¡Busquemos otro!

Tercer final

Los tres hermanos y sus mujeres se
pusieron de acuerdo:

—Entre todos hemos
arruinado el prado.
Trabajemos juntos para
que vuelva a ser lo que era
cuando nuestro padre nos lo legó.

Y con el dinero de todos compraron
buena semilla y tres hermosas
ovejas.

Trabajaron los seis juntos, sin parar,
durante muchas semanas.

Acotaron una pequeña parcela del
prado y dentro instalaron a las tres
ovejas. Cada día, dos de los
hermanos subían a los más difíciles
lugares de la alta montaña, allí donde
ningún pastor se atrevía a llevar su
ganado por miedo a los precipicios y
a los lobos. Y cortaban buenos haces
de hierba jugosa y alimenticia que
bajaban a hombros hasta el redil.
Era un trabajo duro y arriesgado,
pero merecía la pena.

Las tres ovejas daban buena leche,
buena lana y, a su tiempo, parieron
hermosos corderillos.

Mientras dos hermanos se ocupaban de alimentar a las ovejas, el otro hermano y las tres mujeres labraron el resto del prado. Lo sembraron, y protegieron los brotes tiernos de los pájaros y los insectos. Y mientras no llovió, acarrearon agua para regarlo y la hierba brotó muy rápidamente.

Cuando la parte más grande del prado tuvo ya bastante hierba, trasladaron allí las tres ovejas y trabajaron luego para sanear, labrar, sembrar y cuidar el trozo en que habían estado viviendo los animales.

El segundo año ya había seis ovejas en el prado.

Y durante todo este tiempo, los tres hermanos y sus tres mujeres apenas pudieron comer lo suficiente para poder continuar trabajando. Y, desde luego, no pudieron comprarse trajes ni zapatos.

Al cabo de los tres años, el prado criaba una hierba tierna, nutritiva y jugosa. Y cada hermano poseía tres ovejas sanas, gordas y hermosas.

—¡Otra vez tenemos nuestro prado y nuestras ovejas, como antes! —se alegró la mujer de Joaquín.

—Buenos sudores nos ha costado. Si no hubiéramos sido tan tontos, nos hubiéramos ahorrado tres años de duro trabajo y de estrecheces —opinó la mujer de Felipe.

—Pues yo casi me alegro de lo que ha ocurrido —dijo la mujer de Antonio, que se tenía por muy lista—. Hemos trabajado mucho, pero también hemos aprendido mucho. ¿Qué les parecería si ahora ahorrásemos para comprar el prado de Juan Pablo, que está tan estropeado como estaba el nuestro? Podríamos trabajar para recuperarlo y . . . más ovejas. . . ¡Ganaríamos más dinero!

—¡Nooo! —gritaron todos a la vez—. ¡¡¡No, gracias!!!

Pero no estaban enfadados, se reían.

¡Tú y tus ambiciosas ideas, mujer! —dijo Antonio—. No, no compraremos más prados. Tenemos suficiente con el nuestro. Si Juan Pablo quiere que el suyo vuelva a dar buena hierba, podemos decirle cómo ha de trabajar para conseguirlo.

Y todos estuvieron de acuerdo con él.

Este parece un buen final... ¿Podría encontrarse otro mejor? A mí me gustaría conocerlo.

¿Qué te parece?

1. ¿A qué acuerdo llegaron los tres hermanos al recibir la herencia?

2. ¿Cómo llegó el prado a tener un equilibrio?

3. ¿Qué trabajos realizaban los hermanos y sus esposas en el prado?

4. ¿Cómo preparaban el queso?

5. ¿Cómo se afectó el prado al aumentar el número de ovejas?

6. ¿Crees que al final los hermanos tuvieron éxito con el prado? Explica tu respuesta.

Escribe en tu diario

Además de los finales expresados por el autor, ¿qué otro final podría tener esta historia?

Todos podemos ayudar

En esta tierra hermosa
tan llena de riqueza,
no hacemos otra cosa
que gastar lo que nos da.

Si me das la mano
y yo te la doy
juntos forjaremos un
mundo mejor.

Clarita Kohen

Ronda catonga del chacarero

A la ronda catonga
del chacarero,
se siembra trigo en mayo:
oro en enero.

A la ronda catonga
buey sin descanso;
el arado lo sigue
cual perro manso.

No derroches cosechas
del año bueno,
puesto que nada sabes
del venidero.

A la ronda catonga
pan y cebolla;
si los bueyes son flacos,
flaca es la olla.

A la ronda catonga
del alfalfar
que se corta, se corta,
y vuelve a dar.

A la ronda catonga
del cardo seco;
al arbolito joven
lo dobla el viento.

A la ronda catonga
de los rastrojos;
quien no cuida su campo
recoge abrojos.

Los caminos del campo
son como arterias
por donde va su sangre,
que es la cosecha.

¡Qué tristeza da el rancho
solo, en la loma,
y más si no hay un árbol
para dar sombra!

A la ronda catonga
del noble árbol,
que nos da sombra y frutas
en el verano.

A la ronda catonga
de nuestros campos;
harán grande a la Tierra,
libros y arados.

Fernán Silva Valdez

GLOSARIO

agobiaba   Angustiaba: Ella sentía que la duda la **agobiaba**.

agradecida   Con deseos de dar gracias: La niña se sentía **agradecida** por la ayuda que recibió de su hermano.

aguardaba   Esperaba: **Aguardaba** a que saliera el sol.

alboroto   Gritería y confusión: Los diez niños hicieron un gran **alboroto**.

ambiciosas   Que desean tener mucho o hacer mucho: Los que tienen ideas **ambiciosas** quieren llegar lejos.

bandada

bandada   Grupo, conjunto: La **bandada** de niños corría y jugaba en el parque.

contaminación

consternada   Sorprendida, espantada: La niña se quedó **consternada** al ver su nota de matemáticas.

contaminación   Acción de ensuciar o contaminar: La **contaminación** le hace daño a la salud.

contuvo   Detuvo: Se calmó y **contuvo** los deseos de llorar.

cuajaban   Volvían un líquido más espeso: Los cocineros **cuajaban** la gelatina en el refrigerador.

desperdicios   Cosas que sobran, que no sirven: Los **desperdicios** deben

depositarse en lugares especiales para que no contaminen el

ambiente.

dije   Joya pequeña: ¡He perdido un **dije** entre las plantas!

desperdicios

ensimismada   Pensativa: Se encontraba **ensimismada** después que leyó el

poema.

ensuciarlo   Mancharlo: No tires la basura en el parque.

No debes **ensuciarlo.**

equilibrio   Balance: La naturaleza mantiene un **equilibrio** entre las plantas

y los animales.

estrecheces   Limitaciones: Al principio pasaron **estrecheces** por no tener trabajo.

festejo   Celebración: Nos unimos al **festejo** de la llegada de los astronautas.

festejo

gráciles   Delgados: Los rayos **gráciles** del sol entraban por

la ventana.

109

habitantes   Las personas que viven en algún lugar: La ciudad de

San Antonio tiene muchos **habitantes**.

inesperado   Sorprendente, no esperado: Juan recibió un

premio y fue algo **inesperado.**

insistió   Se empeñó, reclamó: El niño **insistió** en que quería ese juguete.

ligada   Unida, cercana: María no quería mudarse a otra ciudad porque

estaba muy **ligada** a su barrio y a sus amigos.

luciría   Distinguiría, sobresaldría: Rebeca estaba muy feliz

con su vestido nuevo porque sabía que **luciría** muy bien.

luciría

majadería   Fastidio, molestia, incomodidad: Dijo una **majadería** y molestó al

amigo.

orear   Ventilar: Necesitamos **orear** la casa.

orear

quietud   Tranquilidad: Me gusta la **quietud** del campo.

resplandecían   Brillaban: Al salir el Sol en la mañana, las gotas de rocío

resplandecían

                     resplandecían sobre las hojas.

tupido   Apretado, espeso: El pájaro se escondió en el árbol **tupido**.

viva   Con vida: La niña se ve muy **viva** y alegre con su traje rojo.